Mitglied der Verlagsgruppe „engagement“

Bibliografische Information Der Deutschen Nationalbibliothek
Die Deutsche Nationalbibliothek verzeichnet diese Publikation in der Deutschen Nationalbibliografie; detaillierte bibliografische Daten sind im Internet über http://dnb.d-nb.de abrufbar.

2. Auflage 2013

Umschlaggestaltung: stadthaus 38, Innsbruck
unter Verwendung eines Bildes von Gernot Candolini
Lithografie: digiservice, Innsbruck
Layout und digitale Gestaltung: Studio HM, Hall in Tirol
Druck und Bindung: L.E.G.O., Vicenza (I)
ISBN 978-3-7022-3056-2
E-Mail: buchverlag@tyrolia.at
Internet: www.tyrolia-verlag.at

Gernot Candolini

Lebenswenden wagen

Die Botschaft des Labyrinths

Tyrolia-Verlag · Innsbruck-Wien

Aufbruch

Vertraue dem Weg, der vor dir liegt.

Schritt für Schritt

Jeder kostbare Weg
besteht aus vielen Wendungen
und vielen Schritten.

Licht und Schatten

Schmerz und Freude,
Erfolge und Rückschläge,
Gelungenes und Gescheitertes,
Licht und Schatten
bilden erst den Kontrast,
durch den der Weg sichtbar wird.

Wendung

Willst du?,
lautet die Schlüsselfrage
zu jeder Veränderung.

Je weiter wir gehen,
desto länger werden die einzelnen Abschnitte.
Geduld und Beharrlichkeit
sind die Gefährten des Erfolges.

Geduld

Wagnis

Kein Weg folgt einer geraden Linie.
Dort, wo wir nicht weiterkönnen,
will etwas gewandelt werden.

Das Wagnis der Wendung
eröffnet einen neuen Weg.

Vertrauen

Nichts macht so stark
wie die Entschlossenheit
zu vertrauen.

Die Freude feiern, wenn sie da ist,
locken, wenn sie sich verbirgt,
erbitten, wenn sie verschwunden ist.

Freude

Gelassenheit

Auch eine Wendung vom Ziel weg
kann ein Fortschritt sein.
Loslassen ist die Quelle allen Gewinnens.

Ankunft

Jede Ankunft ist ein Fest des Lebens
und eine Aufforderung, neu aufzubrechen.

Teilen

Im Teilen entfaltet sich der Weg
und erscheint die Kraft
für die schwierigen Stellen.

Dankbarkeit

Dankbarkeit ist der wirksamste Schutz,
der stärkste Verband und die beste Salbe
für unser Innerstes.

Wenn dich etwas beunruhigt,
schau zweimal hin.
Wenn etwas unklar ist, rede noch einmal.

Höre auf die Botschaften des Herzens.

Achtsamkeit

Nehmen

Keiner ändert sich wirklich.
Alle ändern sich ständig.

Du bist auf dich gestellt.
Du bist nie allein.

Wir können nichts anderes tun,
als das Leben, auch in seiner ganzen
Widersprüchlichkeit,
so zu nehmen, wie es ist.

Scheitern

In allem steckt auch die Möglichkeit
zu scheitern,
so wie in allem die Möglichkeit steckt,
neu anzufangen.

Trauer

Trauer ist das unabänderliche Nicht-bleiben-Können
von etwas, dessen Bleiben
man sich gewünscht hätte.

Gottvertrauen

Die Liebe lädt uns ein zum Tanz des Lebens,
zur Pilgerreise durch das Labyrinth.
Es ist ein unendlich freundlicher Blick, der auf uns ruht.

Das Ganze

Alles gehört dazu:
Schwieriges und Leichtes,
Freudiges und Trauriges,
Angst und Vertrauen,
Zweifel und Glauben.

Erst im Überblick wird
die Schönheit des Ganzen sichtbar.

Bild- und Textnachweis

Titelbild: Steinlabyrinth bei St. Martin in Gnadenwald (Tirol)
Bild 1: Aufbruch: Blumenlabyrinth von Marianne Ewald im Schloss Hellbrunn (Salzburg)
Bild 2: Schritt für Schritt: Zwei Erwachsene brauchen etwa 20 Minuten für ein Holzscheitlabyrinth.
Bild 3: Licht und Schatten: Plattenlabyrinth beim Weingut Kränzel in Tscherms (bei Meran)
Bild 4: Wendung: Labyrinth im Kurpark Bad Tatzmannsdorf (Burgenland)
Bild 5: Geduld: Mit Sandstrahl gefräster Labyrinthstein von Michael Hahn
Bild 6: Wagnis: Aufgemaltes Labyrinth bei der Volksschule Amras (Innsbruck)
Bild 7: Vertrauen: Blumenlabyrinth bei einer Gartenschau in Innsbruck
Bild 8: Freude: Gepflastertes Labyrinth neben der Pfarrkirche Allerheiligen (Innsbruck)
Bild 9: Gelassenheit: Kleines Labyrinth im Eltern-Kind-Zentrum Innsbruck
Bild 10: Doppelseite: Labyrinth von Winston und Rosi Rohr auf der Weissenfels Farm (Namibia)
Bild 11: Ankunft: Rasenlabyrinth im Benediktushof bei Würzburg im Winter
Bild 12: Teilen: Rachel Roggel hat dieses Labyrinth in Rehovot angelegt (Israel).
Bild 13: Dankbarkeit: Aus dem Dachfenster über dem Labyrinth von Chartres
Bild 14: Achtsamkeit: Kugellabyrinth aus Zirbenholz
Bild 15: Doppelseite: Labyrinth vor dem Musikpavillon in Arzl im Pitztal (Tirol)
Bild 16: Nehmen: Labyrinthmatte mit dem Labyrinth von Chartres
Bild 17: Scheitern: Labyrinth im Jugendgefängnis in Gerasdorf (Niederösterreich)
Bild 18: Trauer: Labyrinth aus Herbstlaub in Utah
Bild 19: Gottvertrauen: Lavendellabyrinth von Christa Wendling in Kastellaun (Deutschland)
Bild 20: Das Ganze: Lichterlabyrinth im Innenhof der Hofburg in Brixen (Südtirol)

Weitere Informationen zum Thema Labyrinth: www.labyrinth.at und www.labyrinthe.at